무량공덕1   무비스님 편저

금 강 경

장경각 Chang Books

독송(讀誦) 공덕문(功德文)

부처님은 범인(凡人)이 흉내 낼 수 없는 피나는 정진(精進)을 통해 큰 깨달음을 이루신 인류의 큰 스승이십니다. 그 깨달음으로 삶과 존재의 실상(實相)을 바르게 꿰뚫어 보시고 의미 있고 보람된 삶에 대하여 가르치셨습니다.

부처님의 가르침을 전하는 사람을 법사(法師)라고 하는데, 법화경(法華經) 법사품(法師品)에는 다섯 가지 법사에 대하여 설파하고 있습니다. 그 첫째는 경전을 지니고 다니는 사람, 둘째는 경전을 읽는 사람, 셋째는 경전을 외우는 사람, 넷째는 경전을 해설하는 사람, 다섯째는 경전을 사경하는 사람입니다. 이 중 한 가지만 하더라도 훌륭한 법사이며, "법사의 길을 행하는 사람은 부처님의 장엄(莊嚴)으로 장엄한 사람이며, 부처

3

님께서 두 어깨로 업어주는 사람이다." 라고 말씀하고 있으니 세상을 살아가면서 이보다 더 큰 보람과 영광이 어디에 있겠습니까?

이번에 제작된 〈무량공덕 독송본〉은 항상 지니고 다니면서 읽고 베껴 쓸 수 있는 경전입니다. 부디 많은 분들이 이 인연 공덕에 함께 하시어 큰깨달음 이루시고 행복하시기를 기원합니다.

독송공덕수승행 무변승복개회향
讀誦功德殊勝行 無邊勝福皆廻向(독송한 그 공덕 수승하여라, 가없는 그 공덕 모두 회향하여)

보원침익제유정 속왕무량광불찰
普願沈溺諸有情 速往無量光佛刹(이 세상 모든 사람 모든 생명, 한량없는 복된 삶 누려지이다.)

불기2549(2005)년 여름안거
금정산 범어사 如天 無比 합장

4

금강반야바라밀경

金剛般若波羅蜜經

요진삼장법사 구마라습역

姚秦三藏法師 鳩摩羅什 譯

법회인유분 제일

法會因由分 第一

여시아문하사오니 如是我聞 一時에 불이 佛이 재사위국기수급 在舍衛國祇樹給

고독원하사 孤獨園 여대비구중천이백오십인으로 與大比丘衆千二百五十人 구러시니 俱

이시에 세존이 식시에 착의지발하시고 입사위대
爾時 世尊 食時 着衣持鉢 入舍衛大

성하사 걸식하실새 어기성중에 차제걸이하시고 환
城 乞食 於其城中 次第乞已 還

지본처하사 반사흘하시고 수의발하시며 세족이하시고
至本處 飯食訖 收衣鉢 洗足已

부좌이좌하시다
敷座而坐

선현기청분 제이

善現起請 分 第二

시에 장로수보리가 재대중중하시다가 즉종좌기

時 長老須菩提 在大衆中 即從座起

하사 편단우견하시며 우슬착지하시고 합장공경하사와

偏袒右肩 右膝着地 合掌恭敬

이백불언하사대 희유세존하 여래가 선호념제보

而白佛言 希有世尊 如來 善護念諸菩

살하시며 선부촉제보살하시나니 세존하 선남자선

薩 善付囑諸菩薩 世尊 善男子善

여인이 발아뇩다라삼먁삼보리심하나는 응운하

女人 發阿耨多羅三藐三菩提心 應云何

주며 운하항복기심하리잇고 불언하사대 선재선재

住 云何降伏其心 佛言 善哉善哉

수보리야 여여소설하야 여래가 선호념제보살

須菩提 如汝所說 如來 善護念諸菩薩

하며 선부촉제보살하나니 여금제청하라 당위여설

善付囑諸菩薩 汝今諦聽 當爲汝說

하리라 선남자선여인이 발아뇩다라삼먁삼보리

善男子善女人 發阿耨多羅三藐三菩提

심하니는 응여시주하며 여시항복기심이니라 유연

心 應如是住 如是降伏其心 唯然

세존하 원요욕문하나이다

世尊 願樂欲聞

대승정종분
大乘正宗分 第三 제삼

불이 고수보리하사대 제보살마하살이 응여시
佛이 告須菩提 諸菩薩摩訶薩 應如是

항복기심이니 소유일체중생지류인 약란생과 약
降伏其心 所有一切衆生之類 若卵生 若

태생과 약습생과 약화생과 약유색과 약무색과
胎生 若濕生 若化生 若有色 若無色 若

약유상과 약무상과 약비유상비무상을 아개영
若有想 若無想 若非有想非無想 我皆令

입무여열반하야 이멸도지하리니 여시멸도무량무
入無餘涅槃 而滅度之 如是滅度無量無

수무변중생호대 實無衆生 실무중생득멸도자니 하이고오

數無邊衆生 實無衆生得滅度者 何以故

수보리야 若菩薩 약보살이 有我相人相衆生相壽者相 유아상인상중생상수자상

須菩提

하면 즉비보살이니라

卽非菩薩

묘행무주분 제사
妙行無住分 第四

부차수보리야 보살이 어법에 응무소주하야 행

復次須菩提 菩薩 於法 應無所住 行

12

어보시니 소위부주색보시며 부주성향미촉법보
於布施 所謂不住色布施 不住聲香味觸法布

시니라 수보리야 보살이 응여시보시 하야 부주어
施 須菩提 菩薩 應如是布施 不住於

상이니 하이고오 약보살이 부주상보시 하면 기복
相 何以故 若菩薩 不住相布施 其福

덕을 불가사량이니라 수보리야 어의운하오 동방
德 不可思量 須菩提 於意云何 東方

허공을 가사량부아 불야니이다 세존하 수보리야
虛空 可思量不 不也 世尊 須菩提

남서북방과 사유상하허공을 가사량부아 불야
南西北方 四維上下虛空 可思量不 不也

13

니이다 世尊하 須菩提 수보리야 菩薩 보살의 無住相布施 무주상보시하난

복덕도 亦復如是 역부여시하야 不可思量 불가사량이니라 須菩提 수보리야

菩薩 보살은 但應如所敎住 단응여소교주니라

여리실견분 제오

如理實見分 第五

須菩提 수보리야 於意云何 어의운하오 可以身相 가이신상으로 見如來 견여래

부아 불야니이다 세존하 불가이신상으로 득견여

不 不也 世尊 不可以身相 得見如

래니 하이고오 여래소설신상은 즉비신상이니이다

來 何以故 如來所說身相 卽非身相

불이 고수보리 하사대 범소유상이 개시허망이니

佛 告須菩提 凡所有相 皆是虛妄

약견제상비상 하면 즉견여래니라

若見諸相非相 卽見如來

정신희유분 제육

正信希有分 第六

15

수보리가

須菩提 白佛言 세존하 世尊 파유중생이 頗有衆生이

백불언하사대

득문여시언설장구하사옵고 得聞如是言說章句 生實信不 生實信부잇가 佛이 告 생실신부잇가 불이 고

수보리하사대 莫作是說 막작시설하라 如來滅後後五百歲에 여래멸후후오백세에

유지계수복자가 有持戒修福者 어차장구에 於此章句 能生信心 以此 능생신심하야 이차

위실하리니 爲實 當知是人 당지시인은 不於一佛二佛三四五佛에 불어일불이불삼사오불에 오불에

이종선근이라 而種善根 已於無量千萬佛所 이어무량천만불소에 種諸善根 종제선근하야

문시장구하고 내지일념생정신자니라 수보리야

聞是章句　乃至一念生淨信者　須菩提

여래가 실지실견하나니 시제중생이 득여시무량

如來　悉知悉見　是諸衆生　得如是無量

복덕이니라 하이고오 시제중생이 무부아상인상

福德　何以故　是諸衆生　無復我相人相

중생상수자상하며 무법상하며 역무비법상이니

衆生相壽者相　無法相　亦無非法相

하이고오 시제중생이 약심취상하면 즉위착아인

何以故　是諸衆生　若心取相　卽爲着我人

중생수자니 하이고오 약취법상이라도 즉착아인

衆生壽者　何以故　若取法相　卽着我人

17

衆生壽者 중생수자며 若取非法相 약취비법상이라도 卽着我人衆生壽 즉착아인중생수

者 자니라 是故 시고 不應取法 불응취법이며 不應取非법 불응취비법이니

以是義故 이시의고로 如來 여래가 常說 상설호대 汝等比丘 여등비구가 知我 지아

說法 설법을 如筏喩者 여벌유자라하노니 法尙應捨 법상응사어든 何況非法 하황비법

이리요

무득무설분 제칠

無得無說 分　第七

수보리야 어의운하오 여래가 득아뇩다라삼

須菩提 於意云何 如來 得阿耨多羅三

먁삼보리야아 여래가 유소설법야아 수보리가

藐三菩提耶 如來 有所說法耶 須菩提

언하사대 여아해불소설의 컨댄 무유정법명아뇩

言 如我解佛所說義 無有定法名阿耨

다라삼먁삼보리며 역무유정법여래가설이니

多羅三藐三菩提 亦無有定法如來可說

하이고오 여래소설법은 개불가취며 불가설이며

何以故 如來所說法 皆不可取 不可說

비법이며 非法 비비법이니 非非法 소이자하오 所以者何 일체현성이 一切賢聖 개 皆

이무위법으로 以無爲法 이유차별이니이다 而有差別

의법출생분 제팔 依法出生分 第八

수보리야 어의운하오 약인이 만삼천대천세 須菩提 於意云何 若人 滿三千大千世

계칠보로 이용보시하면 시인의 소득복덕이 영위 界七寶 以用布施 是人 所得福德 寧爲

多不
다부아 **수보리**가 언하사대 **심다**니이다 **세존**하 **하이**

須菩提 言 甚多 世尊 何以
고오 **시복덕**이 **즉비복덕성**일새 **시고**로 **여래**가

故 是福德 卽非福德性 是故 如來
설복덕다니이다

說福德多 若復有人 於此經中 受持 乃
지사구게등하야 **위타인설**하면 **기복**이 **승피**하리니

至四句偈等 爲他人說 其福 勝彼
약부유인이 **어차경중**에 **수지내**

하이고오 **수보리**야 **일체제불**과 **급제불아뇩다**

何以故 須菩提 一切諸佛 及諸佛阿耨多
라삼먁삼보리법이 **개종차경출**이니라 **수보리**야

羅三藐三菩提法 皆從此經出 須菩提

21

所謂佛法者 소위불법자는 즉비불법이니라 卽非佛法

일상무상분 第九

一相無相分

수보리야 어의운하오 수다원이 능작시념호대
須菩提 於意云何 須陀洹 能作是念

아득수다원과부아 수보리가 언하사대 불야니이다
我得須陀洹果不 須菩提 言 不也

세존하 하이고오 수다원은 명위입류로대 이무소
世尊 何以故 須陀洹 名爲入流 而無所

22

입이니 불입색성향미촉법일새 시명수다원이니이다

入 不入色聲香味觸法 是名須陀洹

수보리야 어의운하오 사다함이 능작시념호대

須菩提 於意云何 斯陀含 能作是念

아득사다함과부아 수보리가 언하사대 불야니이다

我得斯陀含果不 須菩提 言 不也

세존하 하이고오 사다함은 명일왕래로대 이실

世尊 何以故 斯陀含 名一往來 而實

무왕래일새 시명사다함이니이다 수보리야 어의운

無往來 是名斯陀含 須菩提 於意云

하오 아나함이 능작시념호대 아득아나함과부아

何 阿那含 能作是念 我得阿那含果不

須菩提

수보리가 言하사대 不也 世尊하 하이고오 何以故오

阿那含 아나함은 名爲不來로대 而實無不來일새 是故로

名阿那含 명아나함이니이다 須菩提야 어의운하오 於意云何오 阿羅漢이 아라한이

能作是念 능작시념호대 我得阿羅漢道不아 須菩提가 言하 아득아라한도부아 수보리가 言하

不也 불야이니다 世尊하 하이고오 何以故오 實無有法 名阿 실무유법명아

羅漢 라한이니 世尊하 若阿羅漢이 약아라한이 作是念호대 作是念 作是念호대 我得阿 아득아

라한도 羅漢道 라하면 即爲着我人衆生壽者 즉위착아인중생수자니이다 世尊 세존하

佛說我得無諍三昧人中 불설아득무쟁삼매인중에 最爲第一 최위제일이라 是第 시제

一離欲阿羅漢 일이욕아라한이라하시나 世尊 세존이시여 我不作是念 아부작시념호대 是念

我是離欲阿羅漢 아시이욕아라한이라하노이다 世尊 세존하 我若作是念 아약작시념 是念

我得阿羅漢道 아득아라한도라하면 世尊 세존이 即不說須菩提 즉불설수보리

가 是樂阿蘭那行者 시요아란나행자라하시련만 以須菩提實無所行 이수보리실무소행

25

일새니 而名須菩提 이명수보리가 是樂阿蘭那行 시요아란나행이라하시나니이다

장엄정토분 제십

莊嚴淨土分 第十

佛 불이 告須菩提 고수보리하사대 於意云何 어의운하오 如來가 여래가 昔 석

在燃燈佛所 재연등불소하야 於法 어법에 有所得不 유소득부아 不也 불야니이다

世尊 세존하 如來가 여래가 在燃燈佛所 재연등불소하사 於法 어법에 實無所 실무소

득이니이다 수보리야 어의운하오 보살이 장엄불

得 須菩提 於意云何 菩薩 莊嚴佛

토부아 불야니이다 세존하 하이고오 장엄불토

土不 不也 世尊 何以故 莊嚴佛土

자는 즉비장엄일새 시명장엄이니이다 시고로 수

者 卽非莊嚴 是名莊嚴 是故 須

보리야 제보살마하살이 응여시생청정심이니

菩提 諸菩薩摩訶薩 應如是生淸淨心

불응주색생심하며 불응주성향미촉법생심이요

不應住色生心 不應住聲香味觸法生心

응무소주하야 이생기심이니라 수보리야 비여유

應無所住 而生其心 須菩提 譬如有

인이 **신여수미산왕**하면 **어의운하**오 **시신이 위**
人 身如須彌山王 於意云何 是身 爲

대부아 **수보리 언**하사대 **심대**니이다 **세존하 하**
大不 須菩提 言 甚大 世尊 何

이고오 **불설비신**이 **시명대신**이니이다
以故 佛說非身 是名大身

무위복승분 제십일
無爲福勝分 第十一

수보리야 **여항하중소유사수**하야 **여시사등항**
須菩提 如恒河中所有沙數 如是沙等恒

28

하_가 어의운하_오 河 於意云何 시제항하사_가 是諸恒河沙 영위다부_아 수 寧爲多不 須

보리_가 언_{하사대} 菩提 言 심다_{니이다} 甚多 세존_하 世尊 단제항하_도 但諸恒河

상다무수_{어든} 尚多無數 하황기사_{리잇가} 何況其沙 수보리_야 須菩提 아금실 我今實

언_{으로} 고여_{호리니} 言 告汝 약유선남자선여인_이 若有善男子善女人 이칠보_로 以七寶

만이소항하사수삼천대천세계_{하야} 滿爾所恒河沙數三千大千世界 이용보시_{하면} 以用布施

득복_이 다부_아 得福 多不 수보리_가 언_{하사대} 須菩提 言 심다_{니이다} 甚多 세 世

존하 불이 고수보리 하사대 약선남자선여인이 어

尊 佛이 告須菩提 若善男子善女人 於

차경중에 내지수지사구게등하야 위타인설하면

此經中 乃至受持四句偈等 爲他人說

이차복덕이 승전복덕하리라

而此福德 勝前福德

존중정교분 제십이

尊重正教分 第十二

부차수보리야 수설시경호대 내지사구게등하면

復次須菩提 隨說是經 乃至四句偈等

30

당지차처는 當知此處 일체세간천인아수라가 一切世間天人阿修羅 개응공양을 皆應供養

여불탑묘어든 如佛塔廟 하황유인이 何況有人 진능수지독송하는 것이 盡能受持讀誦

리요 須菩提 수보리야 당지시인은 當知是人 성취최상제일희유지 成就最上第一希有之

법이니 法 약시경전소재지처는 若是經典所在之處 즉위유불과 即爲有佛 약존중 若尊重

제자니라 弟子

여법수지분 제십삼

如法受持分 第十三

이시에 수보리가 백불언하사대 세존하 당하명

爾時 須菩提 白佛言 世尊 當何名

차경이며 아등이 운하봉지하리잇고 불이 고수보

此經 我等 云何奉持 佛 告須菩

리하사대 시경은 명위금강반야바라밀이니 이시명

提 是經 名爲金剛般若波羅蜜 以是名

자로 여당봉지하니라 소이자하오 수보리야 불설

字 汝當奉持 所以者何 須菩提 佛說

반야바라밀이 즉비반야바라밀일새 시명반야바

般若波羅蜜 卽非般若波羅蜜 是名般若波

32

라밀이니라 須菩提 수보리야 於意云何오 如來가 有所說

法不 법부아 須菩提 수보리가 白佛言 백불언하사대 世尊 세존하 如來 여래가 무

所說 소설이니이다 須菩提 수보리야 於意云何오 三千大千世界 삼천대천세계

所有微塵 소유미진이 是爲多不 시위다부아 須菩提 수보리가 言 언하사대 甚多 심다

니이다 世尊하 須菩提 수보리야 諸微塵 제미진을 如來가 說非微 설비미

塵 진일새 是名微塵 시명미진이며 如來가 說世界 설세계도 非世界 비세계일새

시명세계니라 是名世界 須菩提 수보리야 어의운하오 於意云何 가이삼십이 可以三十二

상으로 相으로 견여래부아 見如來不 불야니이다 不也 세존하 世尊 불가이삼 不可以三

십이상으로 十二相 득견여래니 得見如來 하이고오 何以故 여래가 如來 설삼십 說三十

이상이 二相 즉시비상일새 即是非相 시명삼십이상이니이다 是名三十二相 수보

리야 提 약유선남자선여인이 若有善男子善女人 이항하사등신명으로 以恒河沙等身命

보시어든 布施 약부유인이 若復有人 어차경중에 於此經中 내지수지사 乃至受持四

34

하야 위타인설하면 기복이 심다니라

句偈等 爲他人說 其福 甚多

이상적멸분 제십사

離相寂滅分 第十四

이시에 수보리가 문설시경하사옵고 심해의취하야

爾時 須菩提 聞說是經 深解義趣

체루비읍하사 이백불언하사대 희유세존하 불설

涕淚悲泣 而白佛言 希有世尊 佛說

여시심심경전은 아종석래소득혜안으로 미증득

如是甚深經典 我從昔來所得慧眼 未曾得

문여시지경호이다 聞如是之經 世尊하 약부유인이 得聞是經 득문시경

하고 信心淸淨 신심청정하면 卽生實相 즉생실상하리니 당지시인은 當知是人 成 성

취제일희유공덕이니 就第一希有功德 世尊하 시실상자는 是實相者 卽是非 즉시비

상일새 是故 시고로 如來說名實相 여래설명실상이니이다 世尊 我今 아금

득문여시경전하고 신해수지는 信解受持 부족위난이어니와 不足爲難

약당래세후오백세에 其有衆生 기유중생이 得聞是經 득문시경하고

若當來世後五百歲 得聞如是經典 신해수지는

신해수지 信解受持하면 是 시인은 即爲第一希有니 하이고오 何以故

차인은 此人은 無我相하며 무인상하며 無人相 무중생상하며 無衆生相하며 무수 無壽

자상이니 者相이니 所以者何오 소이자하오 아상이 我相이 즉시비상이며 即是非相이며 인상 人相

중생상수자상이 衆生相壽者相이 즉시비상이라 即是非相이라 하이고오 何以故오 離一切

제상을 諸相을 則名諸佛이니이다 즉명제불이니이다 불이 佛이 고수보리하사대 告須菩提하사대 如

시여시하다 是如是 若復有人이 약부유인이 得聞是經하고 득문시경하고 불경불포 不驚不怖

37

불외不畏하면 當知是人은 심위희유甚爲希有니 하이고何以故오 수須

보리菩提야 여래如來가 설제일바라밀說第一波羅蜜이 즉卽 비제일바라非第一波羅밀蜜 수보리須菩提야 인욕바忍辱波羅

밀蜜일새 시명제일바라밀是名第一波羅蜜이니라 수보리須菩提야 인욕忍辱

라밀羅蜜도 여래如來가 설비인욕바라밀說非忍辱波羅蜜이니 시명인욕是名忍辱

바라밀波羅蜜이니라 하이고何以故오 수보리須菩提야 여아석위가리如我昔爲歌利

왕王에게 할절신체割截身體하야 아어이시我於爾時에 무아상無我相하며 무인無人
波羅蜜

38

상하며 無衆生相 무중생상하며 無壽者相 무수자상호라 何以故 하이고오 我아 於어

相 無衆生相 無壽者相 何以故 我於

왕석절절지해시에 약유아상인상중생상수자상
往昔節節支解時 若有我相人相衆生相壽者相

이면 응생진한일러니라 수보리야 우념과거어오백
應生瞋恨 須菩提 又念過去於五百

세에 작인욕선인하야 어이소세에 무아상하며 무
世 作忍辱仙人 於爾所世 無我相 無

인상하며 무중생상하며 무수자상호라 시고로 수보
人相 無衆生相 無壽者相 是故 須菩

리야 보살이 응리일체상하고 발아뇩다라삼먁삼
提 菩薩 應離一切相 發阿耨多羅三藐三

보리심이니 불응주색생심하며 불응주성향미촉법

菩提心 不應住色生心 不應住聲香味觸法

생심이요 응생무소주심이니라 약심유주면 즉위비

生心 應生無所住心 若心有住 即爲非

주니 시고로 불설보살은 심불응주색보시

住 是故 佛說菩薩 心不應住色布施

수보리야 보살이 위이익일체중생하야 응여시보

須菩提 菩薩 爲利益一切眾生 應如是布

시니 여래가 설일체제상이 즉시비상이며 우설일

施 如來 說一切諸相 即是非相 又說一

체중생이 즉비중생이니라 수보리야 여래는 시진

切眾生 即非眾生 須菩提 如來 是眞

어자며 實語者 실어자며 如語者 여어자며 不誑語者 불광어자며 不異語

者 자시니라 須菩提 수보리야 如來所得法 여래소득법은 此法 차법이 無實無

虛 하니라 須菩提 수보리야 若菩薩 약보살이 心住於法 심주어법하야 而行

布施 하면 如人 여인이 入暗 입암에 則無所見 즉무소견이요 若菩薩

心不住法 심부주법하야 而行布施 이행보시하면 如人 여인이 有目 유목하야 日光

明照 명조에 見種種色 견종종색이니라 須菩提 수보리야 當來之世 당래지세에 약

41

有善男子善女人이 **능어차경**에 **수지독송**하면 卽 **즉**

爲如來가 **이불지혜**로 **실지시인**이 **실견시인**하야 悉見是人

皆得成就無量無邊功德하리라 **개득성취무량무변공덕**

지경공덕분 제십오

持經功德分 第十五

須菩提야 若有善男子善女人이 **초일분**에 **이** 初日分 以

恒河沙等 항하사등신으로 布施 보시하며 中日分 중일분에 復以恒河沙 부이항하사

等身 등신으로 布施 보시하며 後日分 후일분에 亦以恒河沙等身 역이항하사등신으로

보시하야 如是 여시 無量百千萬億劫 무량백천만억겁을 以身布施 이신보시어든

若復有人 약부유인이 聞此經典 문차경전하고 信心不逆 신심불역하면 其福 기복이

勝彼 승피하리니 何況書寫受持讀誦 하황서사수지독송하야 爲人解說 위인해설이리요

須菩提 수보리야 以要言之 이요언지컨댄 是經 시경이 有不可思議不可 유불가사의불가

칭량무변공덕하니 여래가 위발대승자설이며 위
稱量無邊功德 如來 爲發大乘者說 爲

발최상승자설이니라 약유인이 능수지독송하야 광
發最上乘者說 若有人 能受持讀誦 廣

위인설하면 여래가 실지시인하며 실견시인하야 개
爲人說 如來 悉知是人 悉見是人 皆

득성취불가량불가칭무유변불가사의공덕하리니
得成就不可量不可稱無有邊不可思議功德

여시인등은 즉위하담여래아뇩다라삼먁삼보리
如是人等 卽爲荷擔如來阿耨多羅三藐三菩提

니 하이고오 수보리야 약요소법자는 착아견인
何以故 須菩提 若樂小法者 着我見人

44

견중생견수자견일새 즉어차경에 불능청수독송

見衆生見壽者見 卽於此經 不能聽受讀誦

하야 위인해설하리라 수보리야 재재처처에 약유차

爲人解說 須菩提 在在處處 若有此

경하면 일체세간천인아수라의 소응공양이니 당

經 一切世間天人阿修羅 所應供養 當

지차처는 즉위시탑이라 개응공경작례위요하야

知此處 卽爲是塔 皆應恭敬作禮圍繞

이제화향으로 이산기처하리라

以諸華香 而散其處

능정업장분 제십육

能淨業障分 第十六

復次須菩提 善男子善女人이 受持讀誦此

부차수보리야 선남자선여인이 수지독송차

經호대 若爲人輕賤 是人 先世罪業

경호대 약위인경천하면 시인이 선세죄업으로 응타

惡道언마는 以今世人이 輕賤故 先世罪業이 即

악도언마는 이금세인이 경천고로 선세죄업이 즉

爲消滅하고 當得阿耨多羅三藐三菩提리라 須菩

위소멸하고 당득아뇩다라삼먁삼보리하리라 수보

리야 我念過去無量阿僧祇劫하니 於燃燈佛前에

리야 아념과거무량아승지겁하니 어연등불전에

提

득치팔백사천만억나유타제불하야 실개공양승

得值八百四千萬億那由他諸佛 悉皆供養承

사하야 무공과자호라 약부유인이 어후말세에 능

事 無空過者 若復有人 於後末世 能

수지독송차경하면 소득공덕이 어아소공양제

受持讀誦此經 所得功德 於我所供養諸

불공덕으로 백분에 불급일이며 천만억분내지산

佛功德 百分 不及一 千萬億分乃至算

수비유로 소불능급이니 수보리야 약선남자선

數譬喻 所不能及 須菩提 若善男子善

여인이 어후말세에 유수지독송차경하난 소득

女人 於後末世 有受持讀誦此經 所得

功德을 아약구설자면 혹유인이 문하고 심즉광

我若具說者 或有人 聞 心卽狂

란하야 호의불신하리니 수보리야 당지시경의가

亂 狐疑不信 須菩提 當知是經義

불가사의며 과보도 역불가사의니라

不可思議 果報 亦不可思議

구경무아분 제십칠

究竟無我分 第十七

이시에 수보리가 백불언하사대 세존하 선남자

爾時 須菩提 白佛言 世尊 善男子

48

선여인이 善女人 發阿耨多羅三藐三菩提心하니는 운하

응주며 云何降伏其心 운하항복기심하리잇고 佛이 불이 고수보리하사대 云何

應住 약선남자선여인이 若善男子善女人 發阿耨多羅三藐三菩提心者 발아뇩다라삼먁삼보리심자

는 當生如是心 당생여시심이니 我應滅度一切衆生 아응멸도일체중생호리라 滅度 멸도

일체중생이 一切衆生已 이무유일중생도 而無有一衆生 實滅度者 실멸도자니

하이고오 須菩提야 若菩薩이 유아상인상중생

何以故 須菩提 若菩薩 有我相人相衆生

49

상수자상이면 즉비보살이니 소이자하오 수보리

相壽者相 卽非菩薩 所以者何 須菩提

야 실무유법발아뇩다라삼먁삼보리심자니라 수

實無有法發阿耨多羅三藐三菩提心者 須

보리야 어의운하오 여래가 어연등불소에 유법

菩提 於意云何 如來 於燃燈佛所 有法

득아뇩다라삼먁삼보리부아 불야니이다 세존하

得阿耨多羅三藐三菩提不 不也 世尊

여아해불소설의컨댄 불이 어연등불소에 무유법

如我解佛所說義 佛 於燃燈佛所 無有法

득아뇩다라삼먁삼보리하니이다 불언하사대 여시여

得阿耨多羅三藐三菩提 佛言 如是如

是
시 하다 수보리야 實無有法如來得
수보리야 실무유법여래득아뇩다라삼먁

三菩提니 須菩提
삼보리니 수보리야 若有法如來得阿耨多羅三藐
약유법여래득아뇩다라삼먁

三菩提者
삼보리자인댄 燃燈佛이 卽不與我授記하사대 汝於
연등불이 즉불여아수기하사대 여어

來世에 當得作佛하야 號를 釋迦牟尼라하시니라 以實
래세에 당득작불하야 호를 석가모니라하시니라 이실

無有法得阿耨多羅三藐三菩提일새 是故로 燃燈
무유법득아뇩다라삼먁삼보리일새 시고로 연등

佛이 與我授記하사 作是言하사대 汝於來世에 當得
불이 여아수기하사 작시언하사대 여어래세에 당득

51

作佛하야 號를 釋迦牟尼라하시니 何以故오 如來者

는 即諸法如義니라 若有人이 言如來得阿耨多羅

三藐三菩提라하면 須菩提야 實無有法佛得阿耨多

多羅三藐三菩提하니 須菩提 如來所得阿耨多

羅三藐三菩提는 於是中에 無實無虛하니라 是故로

如來가 說一切法이 皆是佛法이라 하나니 須菩提야

작불하야 호를 석가모니라하시니 하이고오 여래자

즉제법여의니라 약유인이 언여래득아뇩다라

삼먁삼보리라하면 수보리야 실무유법불득아뇩

다라삼먁삼보리하니 수보리야 여래소득아뇩다

라삼먁삼보리는 어시중에 무실무허하니라 시고로

여래 설일체법이 개시불법이라 하나니 수보리야

소언일체법자는 即非一切法 所言一切法者 즉비일체법일새 是故 시고로 名一切 명일체

법이니라 法 수보리야 須菩提 비여인신장대 譬如人身長大 이니라 須菩提 수보리가 卽爲非大身 즉위비대신

언하사대 言 세존하 世尊 여래설인신장대가 如來說人身長大 즉위비대신 卽爲非大身

일새 시명대신이니이다 是名大身 수보리야 須菩提 보살도 菩薩 역여시하야 亦如是

약작시언호대 若作是言 아당멸도무량중생이라하면 我當滅度無量衆生 즉불명 即不名

보살이니 菩薩 하이고오 何以故 수보리야 須菩提 실무유법명위보 實無有法名爲菩

薩

菩薩

53

薩이니 是故 시고로 불설일체법이 無我無人無衆生無 무아무인무중생무

壽者 수자라하나니라 須菩提 수보리야 若菩薩 약보살이 作是言 작시언호대 我 아

當莊嚴佛土 당장엄불토라하면 是不名菩薩 시불명보살이니 하이고오 何以故 如來 여래

說莊嚴佛土者 설장엄불토자는 卽非莊嚴 즉비장엄일새 是名莊嚴 시명장엄이니라

須菩提 수보리야 若菩薩 약보살이 通達無我法者 통달무아법자는 如來 여래가 說 설

名眞是菩薩 명진시보살이니라

일체동관분 一體同觀分 제십팔 第十八

須菩提야 어의운하오 如來가 有肉眼不아 여
시니이다 世尊하 如來가 有肉眼이니이다 須菩提
야 어의운하오 如來가 有天眼不아 여
시니이다 世尊하 如來가 有天眼이니이다 須菩提
야 어의운하오 如來가 有慧眼不아 여
시니이다 世尊하 如來가 有

수보리야 어의운하오 여래가 유육안부아
여시니이다 세존하 여래가 유육안이니이다
수보리야 어의운하오 여래가 유천안부아
여시니이다 세존하 여래가 유천안이니이다
수보리야 어의운하오 여래가 유혜안부아
여시니이다 세존하 여래가 유

慧眼 혜안이니이다

須菩提 수보리야 於意云何 어의운하오 如來 여래가 有法 유법

眼不 안부아 如是 여시니이다 世尊 세존하 如來 여래가 有法眼 유법안이니이다

須菩提 수보리야 於意云何 어의운하오 如來 여래가 有佛眼不 유불안부아 如是 여시

世尊 니이다 세존하 如來 여래가 有佛眼 유불안이니이다 須菩提 수보리야 於 어

意云何 의운하오 如恒河中所有沙 여항하중소유사를 佛說是沙不 불설시사부아 如 여

世尊 시니이다 세존하 如來 여래가 說是沙 설시사니이다 須菩提 수보리야 於 어

意云何

의운하오 여일항하중소유사하야 유여시사등항하

如一恒河中所有沙 有如是沙等恒

河

하어든 시제항하소유사수불세계가 여시영위다

是諸恒河所有沙數佛世界 如是寧爲多

不 甚多

부아 심다니이다 세존하 불이 고수보리하사대

世尊 佛 告須菩提

爾所國土中所有衆生

이소국토중소유중생의 약간종심을 여래가 실

若干種心 如來 悉

知

지하나니 하이고오 여래가 설제심이 개위비심

何以故 如來 說諸心 皆爲非心

일새 시명위심이니 소이자하오 수보리야 과거심

是名爲心 所以者何 須菩提 過去心

불가득이며 **현재심불가득**이며 **미래심불가득**이니라
不可得 現在心不可得 未來心不可得

법계통화분 제십구
法界通化分 第十九

수보리야 **어의운하**오 **약유인**이 **만삼천대천**
須菩提 於意云何 若有人 滿三千大千

세계칠보로 **이용보시**하면 **시인**이 **이시인연**으로
世界七寶 以用布施 是人 以是因緣

득복다부아 **여시**니이다 **세존**하 **차인**이 **이시인연**
得福多不 如是 世尊 此人 以是因緣

58

으로 得福득복이 甚多 심다니이다 須菩提 수보리야 若福德 약복덕이 有實 유실

인댄 如來 여래가 不說得福德多 불설득복덕다니 以福德 이복덕이 無故 무고로

如來 여래가 說得福德多 설득복덕다니라

이색이상분 제이십
離色離相分 第二十

須菩提 수보리야 於意云何 어의운하오 佛 불을 可以具足色身 가이구족색신으로

見不　不也　世尊　如來　不應以具足色

견부아 불야니이다 세존하 여래를 불응이구족색

身　見　何以故　如來　說具足色身　須菩提

신으로 견이니 하이고오 여래가 설구족색신이야 수보리

卽非　足色身　是名具足色身

즉비구족색신일새 시명구족색신이니이다

於意云何　如來　可以具足諸相　見不　不

어의운하오 여래를 가이구족제상으로 견부아 불

也　世尊　如來　不應以具足諸相　見

야니이다 세존하 여래를 불응이구족제상으로 견

이니 何以故 如來 說諸相具足 卽非具足

이니 하이고오 여래가 설제상구족은 즉비구족일새 견

60

是名諸相具足

시명제상구족이니다

비설소설분 제이십일

非說所說分 第二十一

須菩提 汝 勿謂如來 作是念 我當有

수보리야 여가 물위여래가 작시념호대 아당유

所說法 莫作是念 何以故 若人言

소설법이라하라 막작시념이니 하이고오 약인이언

如來 有所說法 即爲謗佛 不能解我

여래가 유소설법이라하면 즉위방불이라 불능해아

소설고니 **수보리**야 **설법**자는 무법가설이 **시명**
所說故　須菩提　說法者　無法可說　是名

설법이니라 **이시**에 **혜명수보리**가 **백불언**하사대
說法　爾時　慧命須菩提　白佛言

세존하 **파유중생**이 **어미래세**에 **문설시법**하사옵고
世尊　頗有衆生　於未來世　聞說是法

생신심부잇가 **불**이 **언**하사대 **수보리**야 **피비중생**이며
生信心不　佛言　須菩提　彼非衆生

비불중생이니 **하이고**오 **수보리**야 **중생중생자**는
非不衆生　何以故　須菩提　衆生衆生者

여래가 **설비중생**일새 **시명중생**이니라
如來　說非衆生　是名衆生

무법가득분 제이십이
無法可得分 第二十二

須菩提 수보리가 白佛言 백불언하사대 世尊하 세존하 佛이 불이 得阿耨多 득아뇩다

羅三藐三菩提 라삼먁삼보리는 爲無所得耶 위무소득야니이다 佛言 불언하사대 如 여

如是 시여시하다 須菩提 수보리야 我於阿耨多羅三藐三菩提 아어아뇩다라삼먁삼보리

乃至無有少法可得 내지무유소법가득일새 是名阿耨多羅三藐三 시명아뇩다라삼먁삼

菩提 보리니라

부차수보리야 시법이 평등하야 무유고하일새 시명아뇩다라삼먁삼보리니 이무아무인무중생무수자로 수일체선법하면 즉득아뇩다라삼먁삼보리하리니 수보리야 소언선법자는 여래가 설즉비선법일새 시명선법이니라

復次須菩提 是法 平等 無有高下 是名阿耨多羅三藐三菩提 以無我無人無衆生無壽者 修一切善法 即得阿耨多羅三藐三菩提 須菩提 所言善法者 如來 說即非善法 是名善法

복지무비분 제이십사 第二十四

수보리야 약삼천대천세계중소유제수미산왕
須菩提 若三千大千世界中所有諸須彌山王

여시등칠보취를 유인이 지용보시어든 약인이 이
如是等七寶聚 有人 持用布施 若人 以

차반야바라밀경으로 내지사구게등을 수지독송
此般若波羅蜜經 乃至四句偈等 受持讀誦

하야 위타인설하면 어전복덕으로 백분에 불급일이
爲他人說 於前福德 百分 不及一

며 백천만억분내지산수비유로 소불능급이니라
百千萬億分乃至算數譬喻 所不能及

化無所化分 第二十五

화무소화분 제이십오

須菩提 於意云何 汝等 勿謂如來 作

수보리야 어의운하오 여등은 물위여래가 작

是念 我當度衆生 須菩提 莫作是念

시념호대 **아당도중생**이라하라 **수보리**야 **막작시념**

何以故 實無有衆生如來度者 若有衆生

이니 **하이고**오 **실무유중생여래도자**니 **약유중생**

如來度者 如來 即有我人衆生壽者 須菩

여래도자면 **여래**가 **즉유아인중생수자**니라 **수보**

如來說有我者 即非有我 而凡夫之人

리야 **여래설유아자**는 **즉비유아**어늘 **이범부지인**

提

66

이 以爲有我일새니 須菩提 수보리야 범부자는 如來 여래가

說卽非 설즉비범부일새 是名凡夫 시명범부니라

법신비상분 法身非相分 **제이십육** 第二十六

須菩提 수보리야 於意云何오 어의운하오 可以三十二相으로 가이삼십이상으로 觀如 관여

來不 래부아 須菩提 수보리가 言하사대 언하사대 如是如是 여시여시하니이다 以三 이삼

음성구아 하면 **시인**은 **행사도**라 **불능견여래**니라
音聲求我 是人 行邪道 不能見如來

이시에 **세존**이 **이설게언**하사대 **약이색견아**어나 **이**
爾時 世尊 而說偈言 若以色見我 以

불소설의 뜻컨댄 **불응이삼십이상**으로 **관여래**니이다
佛所說義 不應以三十二相 觀如來

여래로다 須菩提 **수보리**가 **백불언**하사대 **세존**하 **여아해**
如來 須菩提 白佛言 世尊 如我解

이삼십이상으로 **관여래자**인댄 **전륜성왕**이 **즉시**
以三十二相 觀如來者 轉輪聖王 即是

십이상으로 **관여래**니이다 **불언**하사대 **수보리**야 **약**
十二相 觀如來 佛言 須菩提 若

수보리야 須菩提 여약작시념호대 汝若作是念 여래가 如來 불이구족상 不以具足相

고로 故 득아뇩다라삼먁삼보리아 得阿耨多羅三藐三菩提 수보리야 須菩提 막작시 莫作是

념호대 念 여래가 如來 불이구족상고로 不以具足相故 득아뇩다라삼 得阿耨多羅三

삼보리라하라 三菩提 수보리야 須菩提 여약작시념호대 汝若作是念 발아뇩다 發阿耨多

라삼먁삼보리심자는 羅三藐三菩提心者 설제법단멸가 說諸法斷滅 막작시념이 莫作是念

69

니

하이고오 _{何以故} 發阿耨多羅三藐三菩提心者_는 _於어

法법에 불설단멸상_{이니라} _{不說斷滅相}

불수불탐분 제이십팔

_{不受不貪分}　_{第二十八}

수보리_야 약보살_이 이만항하사등세계칠보_로

_{須菩提} _{若菩薩} _{以滿恒河沙等世界七寶}

지용보시_{어든} 약부유인_이 지일체법무아_{하야} 득

_{持用布施} _{若復有人} _{知一切法無我} _得

성어인하면 成於忍 차보살이 승전보살의 소득공덕이니 此菩薩 勝前菩薩 所得功德

하이고오 何以故 수보리야 須菩提 이제보살이 以諸菩薩 불수복덕고니라 不受福德故

수보리가 須菩提 백불언하사대 白佛言 세존하 世尊 운하보살이 云何菩薩 불수 不受

복덕이니잇고 福德 수보리야 須菩提 보살은 菩薩 소작복덕에 所作福德 불응 不應

탐착일새 貪着 시고로 是故 설불수복덕이니라 說不受福德

71

위의적정분 제이십구
威儀寂靜分 第二十九

수보리야 須菩提 약유인이 若有人 언여래가 言如來 약래약거약좌 若來若去若坐

약와라하면 若臥 시인은 是人 불해아소설의니 不解我所說義 하이고오 何以故 여 如

래자는 來者 무소종래며 無所從來 역무소거일새 亦無所去 고명여래니라 故名如來

수보리야 若善男子 善女人이 以三千大千世
須菩提

계로 碎爲微塵하면 於意云何오 是微塵衆이 寧爲
界

다부아 須菩提 言하사대 甚多 世尊하 何
多不

이고오 若是微塵衆이 實有者인댄 佛이 即不說是
以故

미진중이니 所以者何오 佛說微塵衆이 即非微塵
微塵衆

73

衆 중일새 시명미진중이니이다 世尊하 여래소설삼

是名微塵衆 세존 如來所說三

千大千世界 즉비세계일새 시명세계니 하이고

천대천세계가 卽非世界 是名世界 何以故

오 若世界가 실유자인댄 즉시일합상이니 여래가 설

實有者 卽是一合相 如來 說

일합상은 즉비일합상일새 시명일합상이니이다 須

一合相 卽非一合相 是名一合相 수

보리야 일합상자는 즉시불가설이어늘 단범부지

菩提 一合相者 卽是不可說 但凡夫之

인이 탐착기사니라

人 貪着其事

74

수보리야 약인이 언불설아견인견중생견수
須菩提 若人 言佛說我見人見衆生見壽

자견이라하면 수보리야 어의운하오 시인이 해아
者見 須菩提 於意云何 是人 解我

소설의부아 불야니이다 세존하 시인이 불해여래
所說義不 不也 世尊 是人 不解如來

소설의니 하이고오 세존이 설아견인견중생견
所說義 何以故 世尊 說我見人見衆生見

수자견은 즉비아견인견중생견수자견일새 시명
壽者見 即非我見人見衆生見壽者見 是名

75

아견인견중생견수자견이니이다 수보리야 발아뇩
다라삼먁삼보리심자는 어일체법에 응여시지
하 여시견하며 여시신해하야 불생법상이니 수보리
야 소언법상자는 여래가 설즉비법상일새 시명법
상이니라

我見人見衆生見壽者見 須菩提 發阿耨
多羅三藐三菩提心者 於一切法 應如是知
如是見 如是信解 不生法相 須菩提
所言法相者 如來 說即非法相 是名法
相

須菩提야 수보리야 若有人이 약유인이 以滿無量阿僧祇世界七 이만무량아승지세계칠

寶로 보로 持用布施어든 지용보시어든 若有善男子善女人이 약유선남자선여인이 發菩薩 발보살

心者가 심자가 持於此經하야 지어차경하야 乃至四句偈等을 내지사구게등을 受持讀 수지독

誦하야 송하야 爲人演說하면 위인연설하면 其福이 기복이 勝彼하리니 승피하리니 云何爲人 운하위인

演說고 연설고 不取於相하야 불취어상하야 如如不動이니 여여부동이니 何以故오 하이고오

일체유위법이 一切有爲法 여몽환포영하며 如夢幻泡影

여로역여전하니 如露亦如電 응작여시관이니라 應作如是觀

불이 佛 설시경이 說是經已 하시니 長老須菩提 장로수보리와 及諸比丘 급제비구

비구니 比丘尼 와 優婆塞優婆夷 우바새우바이와 一切世間天人阿修羅 일체세간천인아수라

가 聞佛所說 문불소설하사옵고 皆大歡喜 개대환희하야 信受奉行 신수봉행하니라

金剛般若波羅蜜經 금강반야바라밀경 終 종

78

한글 금강반야바라밀경

무비 스님

제1. 법회가 열리게 된 동기[法會因由分]

이와 같은 내용을 저는 들었습니다.

어느 날 부처님께서 사위국(舍衛國)의 기수(祇樹) 급고독원(給孤獨園)에서 일천 이백 오십 명의 큰스님들과 함께 계셨습니다.

그 때 세존께서는 공양(供養)을 드실 때가 되었으므로 가사(袈裟)를 입으시고 발우(鉢盂)를 들고 사위성(城)에 들어가서 걸식(乞食)하셨습니다. 그 성 안에서 차례대로 걸식하여 마치시고 본 곳으로 돌아오셨습니다. 공양을 마치신 뒤 가사와 발우를 거두시고 발을 씻으신 다음 자리를 펴고 앉으셨습니다.

제2. 선현이 법을 청하다[善現起請分]

그 때 덕이 높으신 수보리(須菩提) 존자(尊者)가 대중 가운데 계시다가 곧 자리에서 일어났습니다. 옷차림을 바르게 정돈하고, 오른쪽 무릎을 땅에 꿇고, 합장 공경하면서 부처님께 사뢰었습니다.

"희유하십니다, 세존이시여. 여래께서는 모든 보살들을 잘 보살펴 주시고, 모든 보살들에게 잘 당부하십니다. 세존이시여, 선남자·선여인이 최상의 깨달음에 대한 마음을 일으킨 이는 어떻게 머물며, 어떻게 그 마음을 항복 받아야 합니까?"

부처님께서 말씀하셨습니다.

"매우 좋은 질문이다, 수보리야. 그대의 말과 같이 여래는 모든 보살들을 잘 보살피고 잘 당부하느니라. 그대들은 이제 자세히 들어라. 마땅히 그대들을 위하여 설명하리라. 선남자·선여인이 최상의 깨달음에 대한 마음을 일으킨 사람은 반드시 이와 같이 머물고, 이와 같이 그 마음을 항복 받을지니라."

"예, 그렇게 하겠습니다. 세존이시여, 바라건대 즐겁게 듣고자 하나이다."

제3. 대승의 바른 종지[大乘正宗分]

부처님께서 수보리에게 말씀하셨습니다.

"모든 보살마하살은 반드시 이와 같이 그 마음을 항복 받을지니라."

"보살은 온갖 중생들의 종류인 알에서 태어나는 것, 태에서 태어나는 것, 습기에서 생기는 것, 변화로 태어난 것, 형상이 있는 것, 형상이 없는 것, 생각이 있는 것, 생각이 없는 것, 생각이 있지도 않고 생각이 없지도 않은 것들을 모두 무여열반(無餘涅槃)에 들게 하여 제도(濟度)하느니라.

이와 같이 한량없고, 헤아릴 수 없고, 가없는 중생들을 제도하지만 실은 제도를 얻은 중생은 없느니라. 왜냐하면 수보리야, 만약 보살이 '나'라는 상(相), '남'이라는 상, '중생'이라는 상, '수명'에 대한 상이 있으면 곧 보살이 아니기 때문이다."

제4. 아름다운 행은 안주하지 않는다[妙行無住分]
"또 수보리야, 보살은 반드시 어떤 것에도 머물지 말고 보시(布施)를 해야 하나니, 이를테면 사물에 머물지 말고 보시할 것이며, 소리와 향기와 맛과 감촉과 그 외의 온갖 것에 머물지 말고 보시해야 하느니라.

수보리야, 보살은 반드시 이와 같이 보시하여 형상에 머물지 말라.

왜냐하면 만약 보살이 형상에 머물지 않고 보시하면 그 복덕은 가히 상상할 수 없느니라.

수보리야, 그대는 어떻게 생각하는가? 동쪽 허공을 모두 상상할 수 있는가?"

"상상할 수 없습니다, 세존이시여."

"수보리야, 남쪽, 서쪽, 북쪽과 네 간방과 위쪽과 아래쪽의 허공을 모두 상상할 수 있는가?"

"상상할 수 없습니다, 세존이시여."

"수보리야, 보살이 형상에 머물지 않고 보시하는 복덕(福德)도 또한 이와 같아서 가히 상상할 수 없느니라. 수보리야, 보살은 반드시 가르친 바와 같이 머물지니라."

제5. 이치와 같이 사실대로 보다[如理實見分]

"수보리야, 그대는 어떻게 생각하는가? 육신으로써 여래(如來)를 볼 수 있겠는가?"

"아닙니다, 세존이시여. 육신으로써는 여래를 볼 수 없습니다. 왜냐하면 여래께서 육신이라고 말씀하신 것은 곧 육신이 아닙니다."

부처님께서 수보리에게 말씀하셨습니다.

"무릇 형상이 있는 것은 모두 다 허망(虛妄)하나니 만약 모든 형상을 형상이 아닌 것으로 보면 곧 여래를 보느니라."

제6. 바른 믿음은 희유하다[正信希有分]

수보리가 부처님께 사뢰었습니다.

"세존이시여, 어떤 중생이 이와 같은 말씀을 듣거나, 글귀를 보고 진실한 믿음을 낼 수 있겠습니까?"

부처님께서 수보리에게 말씀하셨습니다.

"그런 말을 하지 말라. 여래가 열반한 뒤, 최후의 오백 년 경에도 계(戒)를 받아 지니고 복(福)을 닦는 사람들이 있으리라. 그들은 이러한 글귀에 신심을 내고, 이러한 이치로써 진실을 삼으리라.

반드시 알아야 한다. 이러한 사람들은 한 부처님이나, 두 부처님이나, 셋, 넷, 다섯 부처님에게만 선근(善根)을 심은 것이 아니다. 이미 한량없는 천만 부처님의 처소에서 여러 가지 선근을 심은 사람들이다. 그래서 이러한 글귀

를 보고 한 생각이나마 청정(淸淨)한 믿음을
내느니라.

수보리야, 여래는 이 모든 중생들이 이와 같
이 한량없는 복덕을 얻으리라는 것을 다 알고
다 보느니라. 왜냐하면 이 모든 중생들은 더
이상 나라는 상(相)이나, 남이라는 상이나, 중
생이라는 상이나, 수명에 대한 상이 없느니라.
그리고 옳은 법(法)이라는 상도 없고, 그른 법
[非法]이라는 상도 없기 때문이니라. 왜냐하
면, 이 모든 중생들이 만약 마음에 어떤 상을
취하면, 곧 나와 남과 중생과 수명에 집착하게
되기 때문이니라. 왜냐하면 만약 옳은 법이라
는 상을 취하여도 곧 나와 남과 중생과 수명에
집착하게 되며, 만약 그른 법이라는 상을 취하
여도 나와 남과 중생과 수명에 집착하게 되기
때문이니라. 그러므로 반드시 옳은 법을 취하
지도 말고, 반드시 그른 법을 취하지도 말라.
이러한 이치에 근거한 까닭에 여래는 늘 말하

85

기를, '그대 비구들은 나의 설법을 뗏목의 비유처럼 알라.' 라고 하였노라. 옳은 법(法)도 오히려 반드시 버려야 하거늘, 하물며 그른 법[非法]이겠는가?"

제7. 얻을 것도 없고 설할 것도 없음[無得無說分]

"수보리야, 어떻게 생각하느냐? 여래가 최상의 깨달음을 얻었는가? 또 여래가 설법(說法)한 바가 있는가?"

수보리가 사뢰었습니다.

"제가 부처님께서 말씀하신 뜻을 이해하기에는 고정된 그 무엇으로써 최상의 깨달음이라고 할 것은 없습니다. 또한 고정된 그 무엇으로써 여래께서 설법하신 것은 없습니다. 왜냐하면 여래의 설법은 모두가 취할 수가 없으며, 말할 수도 없으며, 옳은 법이 아니며, 그른 법도 아닙니다. 왜냐하면 일체 성현(聖賢)들은 모두가 조작이 없고 꾸밈이 없는[無爲] 법으로써 온갖 차별을 꾸며서 펼쳐 보였기 때문입니다."

제8. 법에 의해 출생함[依法出生分]

"수보리야, 그대는 어떻게 생각하는가? 만약 어떤 사람이 삼천 대천세계에 가득한 금·은·보화를 가지고 널리 보시하였다면, 이 사람이 얻은 복덕이 얼마나 많겠는가?"

수보리가 사뢰었습니다.

"아주 많습니다, 세존이시여. 왜냐하면 이 복덕은 곧 복덕성(性)이 아닙니다. 그러므로 여래께서 복덕이 많다고 말씀하신 것입니다."

"만약 어떤 사람이 이 경 가운데서 네 글귀만이라도 받아 지녀서 남을 위해 말해 주었다면, 그 복덕이 앞의 복덕보다 훨씬 뛰어나리라. 왜냐하면 수보리야, 모든 부처님과 모든 부처님의 최상의 깨달음에 도리는 다 이 경전(經典)으로부터 나왔기 때문이니라."

"수보리야, 이른바 불법(佛法)이란 곧 불법이
아니니라."

제9. 하나의 상도 아님[一相無相分]

"수보리야, 그대는 어떻게 생각하는가? 수다
원이 생각하기를 '나는 수다원의 과위(果位)를
얻었노라' 하겠는가?"

수보리가 사뢰었습니다.

"아닙니다, 세존이시여. 왜냐하면 수다원은
'성인의 유(流)에 들다.'라고 이름하지만 실은
어디에 들어가는 것이 아닙니다. 사물이나 소
리나 향기나 맛이나 감촉이나 그 외의 무엇에
도 들어가는 것이 아닙니다. 그 이름이 수다원
일 뿐이기 때문입니다."

"수보리야, 그대는 어떻게 생각하는가? 사다
함이 생각하기를 '나는 사다함의 과위를 얻었
노라'하겠는가?"

수보리가 사뢰었습니다.

"아닙니다, 세존이시여. 왜냐하면 사다함은 이름이 '한 번 갔다 온다'는 말이지만, 실은 가고 옴이 없습니다. 그 이름이 사다함일 뿐이기 때문입니다."

"수보리야, 그대는 어떻게 생각하는가? 아나함이 생각하기를 '나는 아나함의 과위를 얻었노라' 하겠는가?"

수보리가 사뢰었습니다.

"아닙니다, 세존이시여. 왜냐하면 아나함은 이름이 '오지 않는다'는 말이지만 실은 오지 않는다는 것이 없습니다. 이름이 아나함일 뿐이기 때문입니다."

"수보리야, 그대는 어떻게 생각하는가? 아라한이 생각하기를 '내가 아라한의 도(道)를 얻었노라' 하겠는가?"

수보리가 사뢰었습니다.

"아닙니다, 세존이시여. 왜냐하면 실로 고정된 것이 있어서 이름을 아라한이라고 한 것이 아닙니다.

세존이시여, 만약 아라한이 생각하기를 '나는 아라한의 도를 얻었노라'고 하면 이는 곧 나와 남과 중생과 수명에 집착한 것이 되기 때문입니다.

세존이시여, 부처님께서 저를 '다툼이 없는 삼매를 얻은 사람 가운데서 제일이다.'라고 말씀하셨습니다. 이는 욕심을 떠난 제일가는 아라한입니다. 그러나 저는 '나는 욕심을 떠난 아라한이다.'라는 생각을 하지 않습니다. 세존이시여, 제가 만약 '나는 아라한의 도를 얻었다'라고 생각한다면, 세존께서는 곧 수보리에게 고요한 행(行)을 좋아하는 사람이다.'라고 말씀하시지 않았을 것입니다. 수보리는 실로 고요한 행을 한 바가 없습니다. 그냥 부르기를 '수보리는 고요한 행을 좋아하는 사람이다'라고 할 뿐입니다."

제10. 정토를 장엄하다 [莊嚴淨土分]

부처님께서 수보리에게 말씀하셨습니다.

"수보리야, 그대는 어떻게 생각하는가? 여래가 옛적에 연등(燃燈)부처님 처소에서 법(法)에 대하여 무엇을 얻은 것이 있는가?"

"아닙니다, 세존이시여. 여래께서는 연등 부처님 처소에 계실 적에 법에 대하여 실로 얻은 것이 없습니다."

"수보리야, 그대는 어떻게 생각하는가? 보살이 세상을 장엄(莊嚴)하는가?"

"아닙니다, 세존이시여. 왜냐하면 보살이 세상을 장엄한다는 것은 곧 장엄이 아니며, 그이름이 장엄일 뿐이기 때문입니다."

"그러므로 수보리야, 모든 보살마하살은 반드시 이와 같이 텅 빈[淸淨] 마음을 낼지니라. 반드시 사물에 머물지 말고 마음을 낼 것이며, 반드시 소리와 냄새와 맛과 감촉과 그 외의 어떤 것에도 머물지 말고 마음을 낼지니라.

그래서 머무는 바 없이 그 마음을 낼지니라.

　수보리야, 비유하자면 마치 어떤 사람의 몸이
수미산만하다면 그대는 어떻게 생각하는가?
그 몸을 크다고 하겠는가?"

　수보리가 사뢰었습니다.

　"아주 큽니다, 세존이시여. 왜냐하면 부처님
께서 말씀하신 것은 몸이 아니며, 그 이름이
큰 몸일 뿐이기 때문입니다."

제11. 무위복이 수승함[無爲福勝分]

　"수보리야, 저 항하강에 있는 모래 수처럼 그
렇게 많은 항하강이 있다면 그대의 생각은 어
떤가? 그 모든 항하강에 있는 모래의 수는 얼
마나 많겠는가?"

　수보리가 사뢰었습니다.

　"아주 많습니다, 세존이시여. 단지 저 모든 항
하강의 수만 하여도 무수히 많은데 하물며 그
가운데 있는 모래의 수이겠습니까."

"수보리야, 내가 이제 진실한 말로 그대에게 이르리라. 만약 어떤 선남자·선여인이 저 항하강의 모래 수처럼 많은 삼천 대천세계에 가득한 금·은·보화를 가지고 널리 보시하였다면 그가 얻은 복이 얼마나 많겠는가?"

수보리가 사뢰었습니다.

"매우 많습니다, 세존이시여."

부처님께서 수보리에게 말씀하셨습니다.

"만약 선남자·선여인이 이 경전 가운데서 네 글귀만이라도 받아 지녀서 남을 위하여 설명하여 준다면 이 일의 복덕은 앞의 복덕보다 훨씬 뛰어나리라."

제12. 바른 가르침을 존중함[尊重正敎分]

"또 수보리야, 이 경을 해설하되 단지 네 글귀만 하더라도 반드시 알라, 이곳에는 일체세간의 천신(天神)과 사람과 아수라가 다 마땅히 부처님의 탑(塔)에 공양하는 것과 같이 해야 한다. 하물며 어떤 사람이 이 경을 모두 다 받아 지니고 읽고 외우는 일이겠는가?

수보리야, 반드시 알라.

이 사람은 가장 높고 제일가는 희유한 법을 성취한 것이다.

만약 이 경전이 있는 곳이라면 부처님과 훌륭한 제자들이 함께 계시는 것이 되느니라."

제13. 법답게 받아 지님[如法受持分]

그 때에 수보리가 부처님께 사뢰었습니다.

"세존이시여, 이 경의 이름을 무엇이라 해야 합니까? 그리고 저희들이 어떻게 받들어 가져야 합니까?"

부처님께서 수보리에게 말씀하셨습니다.

"이 경의 이름은 '금강반야바라밀(金剛般若波羅密)'이다. 그대들은 반드시 이러한 이름으로 받들어 가지도록 하라. 왜냐하면 수보리야, 여래가 말한 반야바라밀이란 곧 반야바라밀이 아니고 그 이름이 반야바라밀일 뿐이기 때문이니라. 수보리야, 그대는 어떻게 생각하는가? 여래가 설법한 바가 있는가?"

수보리가 부처님께 사뢰었습니다.

"세존이시여, 여래께서는 설법하신 바가 없습니다."

"수보리야, 그대는 어떻게 생각하는가? 삼천대천세계에 있는 모든 먼지의 수를 많다고 하겠는가?"

수보리가 사뢰었습니다.

"아주 많습니다, 세존이시여."

"수보리야, 이 모든 먼지를 여래는 말하기를 '먼지가 아니고 그 이름이 먼지일 뿐이다.'고 하며, 여래가 말하는 세계도 또한 세계가 아니고 그 이름이 세계일 뿐이니라.

수보리야, 어떻게 생각하는가? 서른두 가지의 거룩한 상호로써 여래라고 볼 수 있겠는가?"

"아닙니다, 세존이시여. 서른두 가지의 거룩한 상호로써는 여래라고 볼 수 없습니다. 왜냐하면 여래께서 말씀하신 서른두 가지의 거룩한 상호는 곧 상호가 아니고 그 이름이 서른두 가지의 거룩한 상호일 뿐이기 때문입니다."

"수보리야, 만약 어떤 선남자 선여인이 항하강의 모래 수와 같은 수많은 목숨을 바쳐 널리 보시했을지라도 만약 어떤 사람이 이 경전 가운데서 네 글귀만이라도 받아 가지고 남을 위하여 설명해 주었다면 그 복이 훨씬 많으니라."

제14. 상을 떠나서 적멸함[離相寂滅分]

그 때에 수보리가 이 경을 설하심을 듣고, 그 뜻을 깊이 깨달아 알고는 눈물을 흘리고 슬피 울면서 부처님께 사뢰었습니다.

"참으로 희유합니다, 세존이시여. 부처님께서 설하신 이와 같이 깊고 깊은 경전은, 제가 옛

날부터 지금까지 닦아 얻은 지혜의 눈으로써는 일찍이 이와 같은 가르치심은 듣지 못하였습니다. 세존이시여, 만약 이 다음에 또 어떤 사람이 이 경전을 얻어 들으면 신심이 청정하여져서 곧 실상(實相)이 생길 것입니다. 그리고 이 사람은 제일가는 희유한 공덕을 성취한 사실을 반드시 알아야 할 것입니다.

세존이시여, 이 실상이란 것은 곧 실상이 아닙니다. 그러므로 여래께서 말씀하시기를 '이름이 실상이다.'라고 하셨습니다.

세존이시여, 제가 이와 같은 경전을 얻어 듣고, 믿고 이해하여 받아 가지는 것은 그리 어렵지 않으나, 만약 앞으로 최후의 오백년 경에 그 어떤 중생이 이 경전을 얻어 듣고 믿고 이해하여 받아 가진다면, 그 사람이야말로 참으로 제일 희유한 사람이 될 것입니다. 왜냐하면 그 사람은 나라는 상도 없고, 남이라는 상도 없고, 중생이라는 상도 없고, 수명에 대한 상

도 없기 때문입니다. 왜냐하면 나라는 상도 곧
상이 아니며, 남이라는 상과 중생이라는 상과
수명에 대한 상도 곧 상이 아니기 때문입니다.
 왜냐하면 일체의 상을 떠난 사람이 곧 부처님
이기 때문입니다."

 부처님께서 수보리에게 말씀하셨습니다.

 "참으로 옳은 말이다. 만약 또 어떤 사람이
이 경을 듣고 놀라지도 않고, 겁내지도 않으며,
두려워하지도 않는다면, 반드시 알라. 이 사람
도 대단히 희유한 사람이니라. 왜냐하면 수보
리야, 여래가 말한 제일바라밀(第一波羅密)이
란 곧 제일바라밀이 아니고 그 이름이 제일바
라밀일 뿐이기 때문이니라. 수보리야, 인욕(忍
辱)바라밀도 여래는 말하기를 '인욕바라밀이
아니고 그 이름이 인욕바라밀이다.'라고 한다.

 왜냐하면 수보리야, 내가 옛날 가리왕에게 몸
을 베이고 찢길 적에, 내가 그 때에 나라는 상
이 없었으며, 남이라는 상도 없었으며, 중생이

라는 상도 없었으며, 수명에 대한 상도 없었노라. 왜냐하면 수보리야, 내가 옛날 팔과 다리가 마디마디 찢어지고 무너질 때에 그때에 만약 나에게 나라는 상이나 남이라는 상이나 중생이라는 상이나 수명에 대한 상이 있었더라면, 반드시 분노의 불을 뿜고 원한을 품었으리라.

수보리야, 또 기억해보니 여래가 과거에 오백생(生)동안 인욕선인(忍辱仙人)이 되었을 때가 있었노라. 그 세상에서도 나라는 상이 없었으며, 남이라는 상도 없었으며, 중생이라는 상도 없었으며, 수명에 대한 상도 없었느니라. 그러므로 수보리야, 보살은 반드시 일체의 상을 떠나서 최상의 깨달음에 대한 마음을 일으키도록 하라. 반드시 사물에 머물지 말고 마음을 내야하며, 반드시 소리나 향기나 맛이나 감촉이나 그 외에 어떤 것에도 머물지 말고 마음을 내야 한다. 반드시 머무는 바 없는 마음을 내야 한다. 만약 마음이 머무는 데가 있으면 곧 머물지 않는 것이 된다. 그러므로 여래는 말하기를 '보살은 마음을 반드시 사물에 머물지 말고 보시를 하라.'고 하느니라.

수보리야, 보살은 일체중생들의 이익을 위하여 반드시 이와 같이 보시를 해야 하느니라.

여래가 말한 일체의 모든 상은 곧 상이 아니며, 또 일체중생도 중생이 아니니라.

수보리야, 여래는 참다운 말만 하는 사람이며, 사실만을 말하는 사람이며, 진리의 말만 하는 사람이며, 거짓말은 하지 않는 사람이며, 사실과 다른 말은 하지 않는 사람이다.

수보리야, 여래가 얻은 법은 실다움도 없고 헛됨도 없다.

수보리야, 만약 보살이 마음을 온갖 것에 머물러 보시하는 것은, 마치 사람이 어두운 곳에 들어가서 아무것도 볼 수 없는 것과 같다. 만약 보살이 마음을 온갖 것에 머물지 않고 보시

하는 것은, 마치 사람에게 밝은 눈도 있고 햇
빛도 밝게 비칠 적에 갖가지의 온갖 사물들을
분별하여 볼 수 있는 것과 같다.

수보리야, 다음 세상에서 만약 어떤 선남자·
선여인이 능히 이 경을 받아 지니고 읽고 외우
면, 곧 여래는 부처의 지혜로써 이 사람에 대
하여 다 알며, 이 사람을 다 본다. 이 사람은
한량없고 가없는 공덕을 남김없이 성취하리
라."

제15. 경을 가지는 공덕[持經功德分]

"수보리야, 만약 어떤 선남자 선여인이 오전
의 항하강의 모래 수와 같은 많은 몸으로 보시
하고, 낮에 또 항하강의 모래 수와 같은 몸으
로 보시하며, 저녁때에 또한 항하강의 모래 수
와 같은 많은 몸으로 보시해서, 이렇게 하기를
한량없는 백 천 만 억겁동안 몸으로써 보시하
더라도, 만약 다시 어떤 사람이 이 경전을 든

고 믿는 마음이 거슬리지 아니하면, 그 복은 앞의 복보다 훨씬 뛰어나느니라. 그런데 하물며 이 경전을 쓰고 출판하여, 받아 지니고 읽고 외워서, 널리 여러 사람들에게 해설하여 주는 일은 어떠하겠는가?

수보리야, 요점만을 말한다면, 이 경은 상상할 수도 없고, 설명할 수도 없고, 끝도 없는 공덕이 있느니라.

여래가 대승(大乘)의 마음을 낸 사람들을 위하여 이 경을 설하며, 최상승(最上乘)의 마음을 낸 사람을 위하여 이 경을 설하느니라.

만약 어떤 사람이 이 경을 받아 지니고, 읽고 외우며, 널리 많은 사람들을 위하여 설명한다면, 여래는 이 사람이 헤아릴 수 없고, 일컬을 수 없고, 끝도 없고, 상상할 수도 없는 공덕을 성취하였음을 모두 알고 모두 보노라.

이러한 사람들은 곧 여래의 최상의 깨달음을 온 몸으로 짊어진 것이 된다. 왜냐하면 수보리

야, 만약 작은 법을 좋아하는 사람은 나라는
소견, 남이라는 소견 ,중생이라는 소견, 수명에
대한 소견에 집착하여 곧 이 경을 듣고, 받아
들이거나 읽고 외우지 못하며, 다른 사람들을
위하여 설명하여 주지도 못할 것이기 때문이
니라.

 수보리야, 어떤 곳이든 만약 이 경전만 있으
면 일체 세간의 천신들과 사람들과 아수라가
반드시 공양하게 되리니, 마땅히 알라. 이곳은
곧 부처님의 탑을 모신 곳이 된다. 모두들 반
드시 공경하고 예배를 드리며, 주위를 돌면서
여러 가지 꽃과 향으로 그곳을 장엄하여야 하
느니라."

제16. 능히 업장을 깨끗이 함[能淨業障分]
 "또 수보리야, 선남자·선여인이 이 경전을 받
아 지니고 읽고 외우는데도, 만약 남에게 업신
여김을 당한다면, 이 사람은 전생(前生)의 죄

업으로 반드시 지옥이나 아귀나 축생에 떨어질 것이지만, 금생(今生)에 남에게 업신여김을 당함으로써 전생의 죄업이 곧 바로 소멸하고 반드시 최상의 깨달음을 얻게 되느니라.

수보리야, 내가 기억해보니 과거 한량없는 아승지겁 전 연등(燃燈)부처님 이전에 팔백 사천 만억 나유타의 부처님을 만나 뵙고, 한 분도 빠짐없이 모두 다 공양을 올리고, 받들어 섬겼느니라. 만약 다시 또 어떤 사람이 앞으로 오는 말세(末世)에 이 경전을 받아 지니고 읽고 외운다면, 그가 얻은 공덕은 내가 저 많은 부처님께 공양한 공덕으로는 백 분의 일에도 미치지 못한다. 천 만 억 분의 일에도 미치지 못하며, 어떤 산수와 비유로도 능히 미치지 못하느니라.

수보리야, 만약 선남자·선여인이 이다음 말세에 이 경전을 받아 지니고 읽고 외우는 이가 있으면, 그가 얻은 공덕을 내가 만약 다 갖추

어 말한다면, 어떤 사람은 그 말을 듣고 마음
이 곧 미치고 어지러워져서 의심하며 믿지 아
니할 것이다.

수보리야, 반드시 알라. 이 경의 이치는 상상
할 수가 없으며, 그 과보(果報)도 역시 상상할
수 없느니라."

제17. 끝까지 아가 없음[究竟無我分]

그 때 수보리가 부처님께 사뢰었습니다.

"세존이시여, 선남자·선여인이 최상의 깨달
음에 대한 마음을 일으킨 이는 어떻게 머물며
그 마음을 어떻게 항복 받아야 합니까?"

부처님께서 수보리에게 말씀하셨습니다.

"만약 선남자·선여인이 최상의 깨달음에 대
한 마음을 일으킨 이는 반드시 이와 같은 마음
을 내어야 한다. '나는 반드시 일체 중생들을
다 제도하노라. 그리고 일체 중생들을 다 제도
하였으나 한 중생도 실은 제도한 것이 없노라.'

라고 해라.

왜냐하면 수보리야, 만약 보살이 나라는 상과 남이라는 상과 중생이라는 상과 수명에 대한 상이 있으면 곧 보살이 아니기 때문이니라.

왜냐하면 수보리야, 실로 고정된 법이 있어서 최상의 깨달음에 대한 마음을 낸 것이 아니기 때문이니라.

수보리야, 그대는 어떻게 생각하는가? 여래가 연등부처님의 처소에서 어떤 고정된 법이 있어서 최상의 깨달음을 얻었는가?"

"아닙니다. 세존이시여, 저가 부처님께서 말씀하신 뜻을 이해하기에는 부처님께서 연등부처님의 처소에서 어떤 고정된 법이 있어서 최상의 깨달음을 얻는 것이 아닙니다."

부처님께서 말씀하셨습니다.

"사실 그러하니라, 수보리야. 실로 어떤 고정된 법이 있어서 여래가 최상의 깨달음을 얻은 것이 아니다.

수보리야, 만약 어떤 고정된 법이 있어서 여래가 최상의 깨달음을 얻은 것이라면, 연등부처님께서는 결코 나에게 '그대는 다음 세상에 반드시 부처를 이루고 이름을 <석가모니>라고 하리라.'라는 수기(授記)를 주시지 않으셨을 것이다.

실로 어떤 고정된 법이 있어서 최상의 깨달음을 얻은 것이 아니다. 그래서 연등부처님께서는 나에게 수기를 주시며 말씀하시기를 '그대는 이다음 세상에 반드시 부처를 이루리니 그 이름을 <석가모니>라고 하리라.'라고 하셨느니라.

왜냐하면 여래(如來)라고 하는 것은 모든 법이 여여(如如)하다는 뜻이기 때문이니라. 그러므로 만약 어떤 사람이 '여래는 최상의 깨달음을 얻었다.'라고 말하더라도 수보리야, 실로 고정된 법이 있어서 부처님이 최상의 깨달음을 얻은 것이 아니다.

수보리야, 여래가 얻은 최상의 깨달음은 여기에 실다움도 없고 헛됨도 없느니라. 그러므로 여래가 말하기를 '일체법이 모두 다 불법(佛法)이다.[一切法 皆是佛法]'라고 하느니라.

수보리야, 이른바 일체법이라는 것은 곧 일체법이 아니다. 그러므로 그 이름이 일체법이니라.

수보리야, 비유하자면 사람의 몸이 아주 큰 것과 같으니라."

수보리가 사뢰었습니다.

"세존이시여, 여래께서 말씀하신 사람의 몸이 아주 크다는 것도 곧 큰 몸이 아니고 그 이름이 큰 몸일 뿐입니다."

"수보리야, 보살도 이와 같아야 하나니, 만약 '나는 한량없이 많은 중생들을 제도하노라.'라고 말한다면 이는 곧 보살이라고 이름 할 수 없느니라.

왜냐하면, 수보리야, 실로 어떤 고정된 법이

있어서 이를 보살이라고 이름 하는 것이 아니
기 때문이니라. 그러므로 여래는 말하기를 '일
체법이 나도 없고, 남도 없고, 중생도 없고, 수
명도 없다.'라고 하느니라.

 수보리야, 만약 보살이 말하기를 '나는 반드
시 세상을 장엄하노라.'라고 한다면 이는 보살
이라고 이름할 수 없느니라. 왜냐하면, 여래가
말하는 세상을 장엄한다는 것은 곧 장엄이 아
니고, 그 이름이 장엄일 뿐이기 때문이니라.

 수보리야, 만약 보살이 무아(無我)의 이치를
통달하였다면, 여래는 이 사람을 '진정한 보살'
이라고 이름하나니라."

제18. 한 몸으로 동일하게 봄[一切同觀分]

 "수보리야, 그대는 어떻게 생각하는가? 여래
가 육안(肉眼)이 있는가?"

 "그렇습니다, 세존이시여. 여래께서 육안이
있으십니다."

"수보리야, 그대는 어떻게 생각하는가? 여래가 천안(天眼)이 있는가?"

"그렇습니다, 세존이시여. 여래께서 천안이 있으십니다."

"수보리야, 그대는 어떻게 생각하는가? 여래가 혜안(慧眼)이 있는가?"

"그렇습니다, 세존이시여. 여래께서 혜안이 있으십니다."

"수보리야, 그대는 어떻게 생각하는가? 여래가 법안(法眼)이 있는가?"

"그렇습니다, 세존이시여. 여래께서 법안이 있으십니다."

"수보리야, 그대는 어떻게 생각하는가? 여래가 불안(佛眼)이 있는가?"

"그렇습니다, 세존이시여. 여래께서 불안이 있으십니다."

"수보리야, 그대는 어떻게 생각하는가? 저 항하강에 있는 모래에 대해서 여래가 말한 적이 있는가?"

"그렇습니다, 세존이시여. 여래께서는 그 모래에 대해서 말씀하셨습니다."

"수보리야, 그대는 어떻게 생각하는가? 예컨대 저 하나의 항하강에 있는 모래들, 그 모래수와 같이 많은 항하강이 또 있고, 그 모든 항하강의 전체의 모래 수와 같은 불세계(佛世界)가 있을 경우, 이러한 것을 참으로 많다고 하겠는가?"

"대단히 많습니다, 세존이시여."

부처님께서 수보리에게 말씀하셨습니다.

"그처럼 많은 세계 가운데 있는 모든 중생들의 갖가지 마음들을 여래는 모두 다 아느니라. 왜냐하면 여래가 말하는 모든 마음은 다 마음이 아니라 그 이름이 마음일 뿐이기 때문이니라. 왜냐하면 수보리야, 과거의 마음도 찾을 수 없고, 현재의 마음도 찾을 수 없고, 미래의 마음도 찾을 수 없기 때문이니라."

제19. 법계를 다 교화하다[法界通化分]

"수보리야, 그대는 어떻게 생각하는가? 만약 어떤 사람이 삼천 대천세계에 가득한 금·은·보화를 가지고 널리 보시한다면 이 사람이 이 인연으로 얻은 복이 많겠는가?"

"그렇습니다, 세존이시여. 이 사람은 이 인연으로 얻은 복이 매우 많습니다."

"수보리야, 만약 복덕이 그 실체가 있는 것이라면 여래가 '복덕을 얻는 것이 많다'고 말하지 않을 것이다. 복덕이 본래 없으므로 여래가 '복덕을 얻는 것이 많다'고 말하느니라."

제20. 색과 상을 떠나다[離色離相分]

"수보리야, 그대는 어떻게 생각하는가? 잘 갖춰진 육신의 모습으로써 부처님이라고 볼 수 있겠는가?"

"아닙니다, 세존이시여. 잘 갖춰진 육신의 모습으로써 반드시 여래라고는 볼 수는 없습니다. 왜냐하면 여래께서 말씀하신 잘 갖춰진 육신의 모습은 곧 잘 갖춰진 육신의 모습이 아닙니다. 그 이름이 잘 갖춰진 육신의 모습일 뿐이기 때문입니다."

"수보리야, 그대는 어떻게 생각하는가? 여러 가지 상호를 잘 갖추고 있는 것으로써 여래라고 볼 수 있겠는가?"

"아닙니다, 세존이시여. 여러 가지 상호를 잘 갖추고 있는 것으로써 반드시 여래라고 볼 수는 없습니다. 왜냐하면 여래께서 말씀하신 여러 가지 상호를 잘 갖추고 있다는 것은, 곧 여러 가지 상호를 잘 갖추고 있는 것이 아닙니다. 그 이름이 여러 가지 상호를 잘 갖추고 있는 것일 뿐이기 때문입니다."

제21. 설함과 설하여 질 것이 아님[非說所說分]

"수보리야, 그대는 이러한 말을 하지 말라. '여래는 스스로 <나는 반드시 설법한 것이 있

다.>라고 생각할 것이다.'라고 하지 말라. 그런 생각도 하지 말라. 왜냐하면 만약 어떤 사람이 말하기를 '여래는 설법이 있다'라고 한다면, 이 것은 곧 부처님을 비방하는 것이 되며, 내가 말한 것을 전혀 이해하지 못하는 것이 되기 때문이다.

수보리야, 설법이라고 하는 것은 설할 수 있는 법이 없다. 그 이름이 설법일 뿐이니라."

그때 지혜를 생명으로 삼는 수보리가 부처님 께 사뢰었습니다.

"세존이시여, 매우 많은 중생들이 이 다음 세상에 이러한 도리를 설명하는 것을 들으면 믿는 마음이 나겠습니까?"

부처님께서 말씀하셨습니다.

"수보리야, 그들은 중생이 아니며 중생이 아님도 아니다. 왜냐하면 수보리야 중생, 중생하는 것도 여래는 말하기를 '중생이 아니라 그 이름이 중생일 뿐이다.'라고 하기 때문이니라."

제22. 법은 가히 얻을 것이 없음[無法可得分]

수보리가 부처님께 사뢰었습니다.

"세존이시여, 부처님께서 최상의 깨달음을 얻으신 것은, 얻은 바가 없음이 됩니까?"

부처님께서 말씀하셨습니다.

"사실 그러하니라, 수보리야. 나의 최상의 깨달음에 대해서는 아주 작은 어떤 것도 얻은 바가 없다. 다만 그 이름이 최상의 깨달음일 뿐이니라."

제23. 깨끗한 마음으로 선을 행함[淨心行善分]

"또 수보리야, 이 도리는 평등해서 높고 낮음이 없다. 이것의 이름이 최상의 깨달음이다. 나도 없고, 남도 없고, 중생도 없고, 수명도 없는 경지에서 여러 가지 선법을 닦으면 곧 최상의 깨달음을 얻으리라. 수보리야, 이른바 선법이란 것은 여래가 말하기를 '곧 선법이 아니고 그 이름이 선법이다'라고 하느니라."

제24. 복덕과 지혜는 비교할 수 없음[福智無比分]

"수보리야, 예컨대 삼천 대천세계에 있는 산 중에서 제일 큰 산인 수미산만한 금·은·보화의 무더기를 가지고 만약 어떤 사람이 널리 보시하였다 하자. 그리고 또 다른 어떤 사람은 이 반야바라밀경에서 네 글귀의 게송만이라도 받아 가지고, 읽고 외우고, 남을 위해 해설하여 준다면, 앞의 금·은·보화로써 보시한 복덕으로는 백분의 일에도 미치지 못하며, 백천만억분의 일에도 미치지 못하며, 어떤 산수와 비유로도 미치지 못하느니라."

제25. 교화하되 교화하는 바가 없음[化無所化分]

"수보리야, 그대는 어떻게 생각하는가? 그대들은 여래가 '나는 반드시 중생들을 제도한다.'라고 생각하리라는 말을 하지 말라. 수보리야, 그런 것은 생각도 하지 말라. 왜냐하면 실은 중생이 있어서 여래가 제도하는 것이 아니기 때문이다. 만약 중생이 있어서 여래가 제도한다면, 여래는 곧 나와 남과 중생과 수명이 있게 되는 것이다.

수보리야, 여래가 말하는 '내가 있다'라고 하는 것은 곧 내가 있는 것이 아닌데 범부들이 내가 있다고 여기기 때문이니라.

수보리야, 범부라는 것도 여래가 말하기를 '범부가 아니다. 그 이름이 범부일 뿐이다'라고 하였느니라."

제26. 법신은 상이 아님[法身非相分]

"수보리야, 그대는 어떻게 생각하는가? 서른두 가지의 남다른 모습으로써 여래라고 미루어 볼 수 있겠는가?"

수보리가 사뢰었습니다.

"예 그렇습니다. 서른두 가지의 남다른 모습으로써 여래라고 미루어 볼 수는 있습니다."

부처님께서 말씀하셨습니다.

"만약 서른두 가지의 남다른 모습으로써 여래라고 미루어 볼 수 있다면 전륜성왕도 곧 여래라 하겠구나?"

수보리가 부처님께 사뢰었습니다.

"세존이시여, 제가 부처님께서 말씀하신 뜻을 이해하기에는 반드시 서른두 가지의 남다른 모습으로써 여래라고 미루어 볼 수 없겠습니다."

그 때 세존께서 게송으로 말씀하셨습니다.

"만약 육신으로써 나를 보려 하거나, 음성으로써 나를 찾으려면 이 사람은 잘못된 길을 가는 것이다. 결코 여래는 볼 수 없으리라."

제27. 단멸이 없음 [無斷無滅分]

"수보리야, 그대가 혹 생각하기를 '여래는 잘 갖춰진 상호를 마음에 두지 않았기 때문에 최상의 깨달음을 얻었다'라고 하지 않는가?

수보리야, 그러한 생각을 하지 말라. '여래는

잘 갖춰진 상호를 마음에 두지 않았기 때문에 최상의 깨달음을 얻었다'라고 하지 마라.

수보리야, 그대가 만약 생각하기를, '최상의 깨달음에 대한 마음을 일으킨 사람은 모든 것이 아주 없다고 말한다'라고 하는가? 그런 생각을 하지 말라. 왜냐하면 최상의 깨달음에 대한 마음을 일으킨 사람은 모든 것이 아주 없다고 말하지 않기 때문이니라."

제28. 받지도 않고 탐하지도 않음[不受不貪分]

"수보리야, 만약 어떤 보살이 항하강의 모래 수와 같이 많은 세계에 가득 찬 금·은·보화로써 널리 보시한 이가 있고, 또 어떤 사람은 모든 존재의 무아(無我)의 도리를 알아서 그 숨은 이치를 깨달으면 이 보살이 얻은 공덕은 앞의 보살이 얻은 공덕보다 훨씬 뛰어나리라. 왜냐하면 수보리야, 모든 보살들은 복덕을 누리지 않기 때문이니라."

수보리가 부처님께 사뢰었습니다.

"세존이시여, 어찌하여 보살이 복덕을 누리지 않습니까?"

"수보리야, 보살은 자신이 지은 복덕을 반드시 탐하거나 집착하지 않기 때문이다. 그러므로 '복덕을 누리지 않는다'라고 말하느니라."

제29. 위의가 적정함[威儀寂靜分]

"수보리야, 만약 어떤 사람이 말하기를 '여래가 혹 온다거나, 간다거나, 앉는다거나, 눕는다.'라고 하면 이 사람은 내가 말한 이치를 이해하지 못한 사람이니라. 왜냐하면 여래는 어디로부터 오는 것도 아니며, 또한 어디로 가는 것도 아니기 때문이다. 그러므로 '그렇게 오다〈如來〉'라고 부른다."

제30. 한 덩어리의 이치[一合理相分]

"수보리야, 만약 선남자·선여인이 삼천 대천

세계를 부수어 아주 작은 먼지를 만들었다면 그대는 어떻게 생각하는가? 이 작은 먼지들이 얼마나 많겠는가?"

"매우 많습니다, 세존이시여. 왜냐하면 만약 이 작은 먼지들이 진실로 있는 것이라면 부처님께서는 곧 작은 먼지들에 대해서 말씀하시지 않으셨을 것이기 때문입니다. 왜냐하면 부처님께서 말씀하시는 작은 먼지들은 곧 작은 먼지들이 아니고, 그 이름이 작은 먼지들이기 때문입니다. 세존이시여, 여래께서 말씀하신 삼천 대천세계도 곧 세계가 아니고, 그 이름이 세계일 뿐입니다.

왜냐하면 만약 세계가 진실로 존재하는 것이라면 그것은 곧 하나로 된 모습입니다.

여래께서 말씀하시는 하나로 된 모습이란 곧 하나로 된 모습이 아니고 그 이름이 하나로 된 모습일 뿐이기 때문입니다."

"수보리야, 그 하나로 된 모습이란 것은 실은

이야기 할 수 없는 것인데 다만 범부들이 그
것에 대하여 탐하고 집착하기 때문이니라."

제31. 지견을 내지 않음[知見不生分]

"수보리야, 만약 어떤 사람이 말하기를 '여래
가 나라는 지견과 남이라는 지견과 중생이라
는 지견과 수명에 대한 지견을 말하더라'고 한
다면, 수보리야, 그대는 어떻게 생각하는가?
이 사람은 내가 말한 이치를 제대로 이해한 것
인가?"

"아닙니다, 세존이시여. 이 사람은 여래께서
말씀하신 이치를 이해하지 못하였습니다. 왜
냐하면 세존께서 말씀하신 나라는 지견과 남
이라는 지견과 중생이라는 지견과 수명에 대
한 지견은, 곧 나라는 지견과 남이라는 지견과
중생이라는 지견과 수명에 대한 지견이 아닙
니다. 그 이름이 나라는 지견과 남이라는 지견
과 중생이라는 지견과 수명에 대한 지견일 뿐

입니다."

"수보리야, 최상의 깨달음에 대한 마음을 일으킨 사람은 모든 존재에 대하여 반드시 이와 같이 알아야 하며, 이와 같이 보아야 하며, 이와 같이 믿고 이해해서 존재에 대한 상(相)이 나지 않아야 한다. 수보리야, 존재에 대한 상이란 여래는 곧 존재에 대한 상이 아니고 그 이름이 존재에 대한 상이라고 말 할 뿐이니라."

제32. 응화신은 진신이 아님[應化非眞分]

"수보리야, 만약 어떤 사람이 한량없는 아승지 세계에 가득 찬 금·은·보화를 가지고 널리 보시한 이가 있고, 만약에 또 다른 어떤 선남자·선여인이 있어서 보살의 마음을 내어 이 경전을 가지고 네 글귀만이라도 받아 지니고 읽고 외워서, 다른 이를 위해서 설명하여 준다면, 그 복이 앞의 복보다 훨씬 뛰어나리라.

어떻게 하는 것이 '남을 위하여 설명하여 주는 것'인가?

상(相)에 끌려 다니지 않고 여여(如如)하여 동요하지 않는 것이니라. 왜냐하면, 모든 작위(作爲)가 있는 것은 마치 꿈같고, 환영 같고, 물거품 같고, 그림자 같고, 이슬 같고, 번개 같으니 반드시 이와 같이 관찰하도록 하라."

부처님께서 이 경을 다 말씀하여 마치시니 덕이 높으신 수보리 존자와 여러 비구·비구니와 우바새·우바이와 일체 세간의 천신들과 아수라들이 부처님의 말씀을 듣고는 모두 다 크게 기뻐하여 믿고 받아들이며 받들어 수행하게 되었습니다.

도서출판 窓의 "무량공덕" 시리즈

☼ "무량공덕" 시리즈는 계속 간행됩니다.

☆ 법보시용으로 다량주문시
특별 할인해 드립니다.

☆ 원하시는 불경의 독송본이나
사경본을 주문하시면 정성껏
편집·제작하여 드립니다.

◆무비(如天 無比)스님

· 전 조계종 교육원장
· 범어사에서 여환스님을 은사로 출가
· 해인사 강원 졸업
· 해인사, 통도사 등 여러 선원에서 10여년 동안 안거
· 통도사, 범어사 강주 역임
· 조계종 종립 은해사 승가대학원장 역임
· 탄허스님의 법맥을 이은 강백
· 화엄경 완역 등 많은 집필과 법회 활동

▶저서와 역서

『금강경 강의』, 『보현행원품 강의』, 『화엄경』, 『예불문과 반야심경』,
『반야심경 사경』 외 다수.

금 강 경

초판 **32쇄** 인쇄 · 2025년 8월 15일
초판 **32쇄** 발행 · 2025년 8월 25일
편　저 · 무비 스님
펴낸이 · 이규인
편　집 · 천종근
펴낸곳 · 도서출판 窓
등록번호 · 제15-454호
등록일자 · 2004년 3월 25일

주소 · 서울시 영등포구 문래북로116 트리플렉스 903호
전화 · 322-2686, 2687 / 팩시밀리 · 326-3218
e-mail · changbook1@hanmail.net
홈페이지 · (http://www.changbook.co.kr)

ISBN 89-7453-112-7　03220
정가　5,500원

* 파손된 책은 구입하신 서점이나 《도서출판 窓》에서 바꾸어 드립니
☞ **염화실**(http://cafe.daum.net/yumhwasil)에서 무비스님의 강의를
　들을 수 있습니다.